主要作者及丛书简介

雅克·马丁：法国著名漫画大师，1921年生于法国斯特拉斯堡，早年便在漫画方面表现出过人的天赋，与著名漫画家埃尔热和雅各布并称为"布鲁塞尔学派"的三个代表人物。1948年，马丁创造出阿历克斯这个生活在恺撒时代的罗马青年形象，并在《丁丁》杂志上开始连载他的故事。凭借着广博的历史和文学知识、娴熟的绘画技巧以及对古代建筑精细准确的再现，马丁创立了一个以严谨考证为基础的历史漫画创作流派。1953年，马丁与埃尔热工作室合作，参与了几部丁丁漫画的创作。1984年，马丁获得法国艺术文学骑士勋章。1988年，卡斯特曼出版公司大规模出版"阿历克斯历险记"丛书，以庆祝马丁创作这套系列漫画40周年。马丁一生共创作漫画120多部，累计销量超过1000万册。2010年1月21日，马丁在瑞士逝世，他的助手们目前在继续他的系列漫画的创作。

"时光传奇"丛书："阿历克斯历险记"系列漫画是雅克·马丁一生中最重要、最畅销的作品，也是世界漫画史上的经典作品之一。"时光传奇"丛书的重要组成部分即为"阿历克斯历险记图解历史百科"丛书的中文版。在本书中，阿历克斯和他的伙伴将穿越时空，带领读者领略各大古文明的兴衰。

特别感谢马克·埃尼科对本分册的大力帮助。

法国漫画大师雅克·马丁作品

时光传奇
Khronos Cross

佩特拉

[法]雅克·马丁 著

杨吉娜 尹明明 陈可欣 译

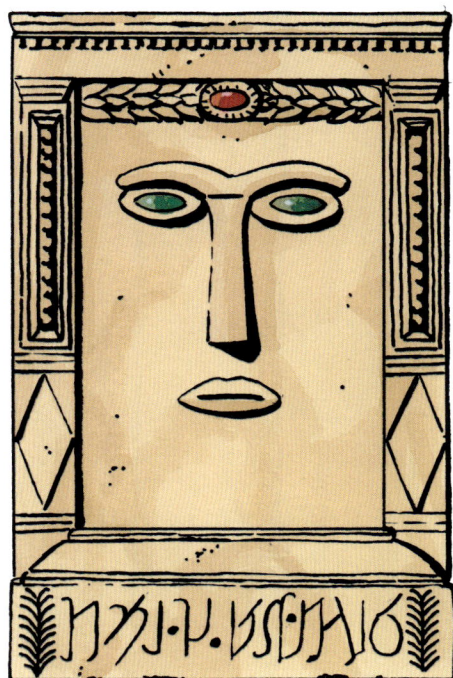

北京出版集团
北京出版社

目 录

年 表

青铜时代（前3200—前1200年）：巴勒贝克开始有人类居住。

前2千纪：文献中称帕尔米拉为"塔德摩尔"。

前950年：所罗门国王占领巴拉特城。

前8—前7世纪末：以东人定居佩特拉。

前6—前5世纪：游牧民族纳巴泰人向以东王国渗透。

前323年：亚历山大大帝去世。

前312年：安提柯一世两次讨伐佩特拉落败。

前3世纪末—前2世纪初：纳巴泰人的势力扩大，支持塞琉古国王安提柯一世对抗埃及托勒密王朝。

前170年：纳巴泰国王阿雷特斯一世继位。

前120/前110—前96年：阿雷特斯二世统治时期，纳巴泰王国与邻国哈斯摩尼王国的战争开始。

前100年：哈斯摩尼国王亚历山大·赞拿乌斯从纳巴泰人手中夺取加沙城。

前96—前85年：奥博达斯一世统治时期（佩特拉）。

前93年：纳巴泰国王奥博达斯一世重新将摩押的土地从亚历山大·赞拿乌斯的手中夺回。

前85年：奥博达斯一世去世，在此前的战役中，他打败了塞琉古国王安提柯十二世，安提柯十二世战死。

前85—前62年：阿雷特斯三世统治时期（佩特拉）。

前63年：庞培创建叙利亚行省。

前62—前59年：奥博达斯二世统治时期（佩特拉）。

前59—前30年：马里霍一世统治时期（佩特拉）。

前47、前40年：马里霍一世在亚历山大里亚之战中先支持尤利乌斯·恺撒一方，后支持罗马的敌人帕提亚人。

前31年：安东尼和屋大维对抗。马里霍一世先是支持前者，但亚克兴战役后，曾试图向屋大维求和。

前30—前9年：奥博达斯三世统治时期（佩特拉）。

前27年：朱庇特神庙开始动工修建（巴勒贝克）。

前9—40年：阿雷特斯四世统治时期（佩特拉）。

40—70年：马里霍二世统治时期（佩特拉）。

66—67年：犹太人反抗罗马帝国的占领。马里卡国王支持罗马。

70—106年：拉贝尔二世统治时期。70—76年为夏奇拉二世的摄政时期（佩特拉）。

102—106年：布斯拉被确定为纳巴泰王国的第二都城。

106年：图拉真吞并纳巴泰王国，定布斯拉为首府城市，佩特拉为其重要都会。

纳巴泰王国

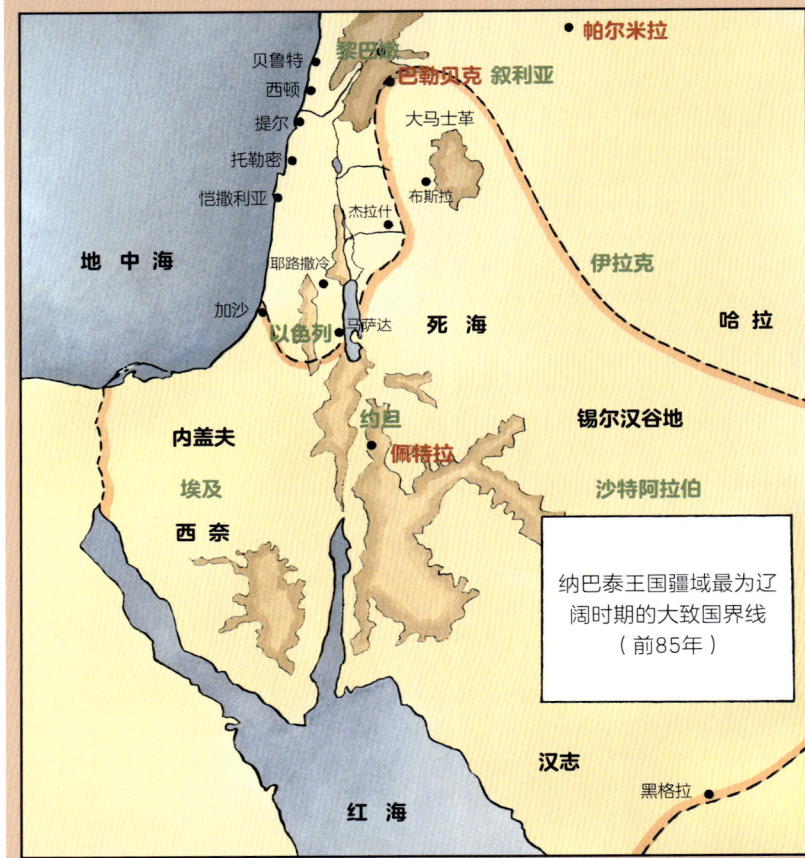

纳巴泰王国疆域最为辽阔时期的大致国界线（前85年）

130年：哈德良赐予帕尔米拉"自由之城"之称。

212年：塞普提米乌斯·塞维鲁将帕尔米拉纳入古罗马殖民地版图，帕尔米拉由此享有"意大利公民权"。

218—222年：罗马皇帝埃拉伽巴路斯统治时期，佩特拉成为罗马帝国的殖民地。

226年：波斯萨珊王朝诞生。

约250年：巴勒贝克朱庇特神庙建筑群建成。

260年：奥得纳图斯自封为"万王之王"（帕尔米拉）。

268年：奥得纳图斯及其子被谋杀。贞诺比娅女王以奥得纳图斯另一个儿子瓦巴拉图斯的名义统治。

270—271年：帕尔米拉军队攻入埃及和安提柯城。

272年：贞诺比娅女王及其子瓦巴拉图斯分别自封为奥古斯塔和奥古斯都。

273年：贞诺比娅女王被捕，帕尔米拉城被洗劫一空。

363年：佩特拉城被地震摧毁。

446年：古皇室陵墓被用作祝圣教堂。

前　言

在古典时代，有两座地处要冲的城市曾垄断过地中海的商运。第一座城市是特洛伊。特洛伊人切断了地中海地区的商业要道，并向从斯基泰（今乌克兰南部）运送粮食的希腊商船征收重税。越来越重的关税直接导致了特洛伊战争的爆发，至于历史上流传的"争夺美女海伦"的故事，只是为了掩盖特洛伊和希腊赤裸裸的经济冲突而编造的理由罢了。第二座城市就是佩特拉。佩特拉地处红海和地中海之间，发挥着与特洛伊几乎相同的作用，佩特拉人很早就开始向往返于红海和地中海两大海域的商队抽取一部分货物。除了奴隶，乳香、没药、宝石、丝绸也包含其中；这些货物先由印度人和阿拉伯人运至纳巴泰人的幽深山谷，再运往罗马。

在经历了数次讨伐征战之后，罗马军队终于征服埃及，之后又征服了巴勒斯坦。他们的目的是降低东方的货物到达罗马的成本，但却事与愿违。于是，罗马人通过"丝绸之路"获得东方的物品。"丝绸之路"一时间成为东西方文化和商业交流的要道，沿途的游牧民族也蜂拥而至，侵袭来往的商队。货物运量因此骤减，物价激增，罗马皇帝下令关闭丝绸口岸，来自东方的丝绸产品一"丝"难求，千金难购。另外，尽管在罗马帝国建立之初，纳巴泰人的领土就已经被罗马人控制，但纳巴泰人的走私行为和地下商队行为屡禁不止，佩特拉城因此赚得盆满钵满，在史册上留下了豪奢之名。

巴勒贝克和帕尔米拉则是另外一种光景。这两座位于罗马帝国边境的名城代表着罗马艺术的巅峰。在前53年，执政官克拉苏遭遇惨败，庞培先后抢占了犹大和叙利亚，罗马军队止步于此，未再继续向东讨伐。在相当长的岁月里，古罗马将帅都不曾再动东征之心，罗马帝国的东部边境也没有发生过变化。

唯有一人一直梦想再次征服亚历山大大帝的江山，他就是尤利乌斯·恺撒。他在死前曾计划大战帕提亚王国。我们能够想象，他也许能凭借过人的智慧和军事才能，到达印度河流域。刺杀者布鲁图斯和卡西乌斯未能拯救共和国，反而使罗马在之后的400年间成为更加强大、更加专制的霸权国家。

第一位罗马皇帝屋大维后来称奥古斯都，他是恺撒大帝的甥外孙，一路打败竞争对手，即便面对自己的舅外公与克娄巴特拉七世之子——年幼的恺撒里昂，他也毫不手软，将恺撒里昂暗杀于埃及的偏远地带。"罗马治世"即将到来，尤其在非洲和东方，一座座精美绝伦、坚如磐石的建筑拔地而起，世人皆叹其精妙；这些建筑是古希腊-古罗马艺术的精髓，象征着古希腊人、古罗马人在当时的石质建筑工艺领域一骑绝尘的地位，却也留下了至今未解的谜题：支撑着巴勒贝克朱庇特神庙的巨石，究竟是如何排列的？要知道，即使是在技术发达的今天，人类想要进行这种建造，依然困难重重。波斯人的波斯波利斯城气势恢宏，埃及人的卡纳克神庙美轮美奂，但在巴勒贝克和帕尔米拉建筑面前，一切中世纪建筑光辉都会黯然失色……西方建筑若要与其比肩，恐怕要等上很久。

雅克·马丁

佩特拉遗址航拍图（西向）。女儿宫以及与其并列的祭祀场最为突出（Sergio Ponomarev 供图）

注：因供图方分别来自不同国家和地区的个人、网站、博物馆和科研机构等，故本书只保留供图方原文，以便读者查阅和考证。

纳巴泰人和佩特拉城

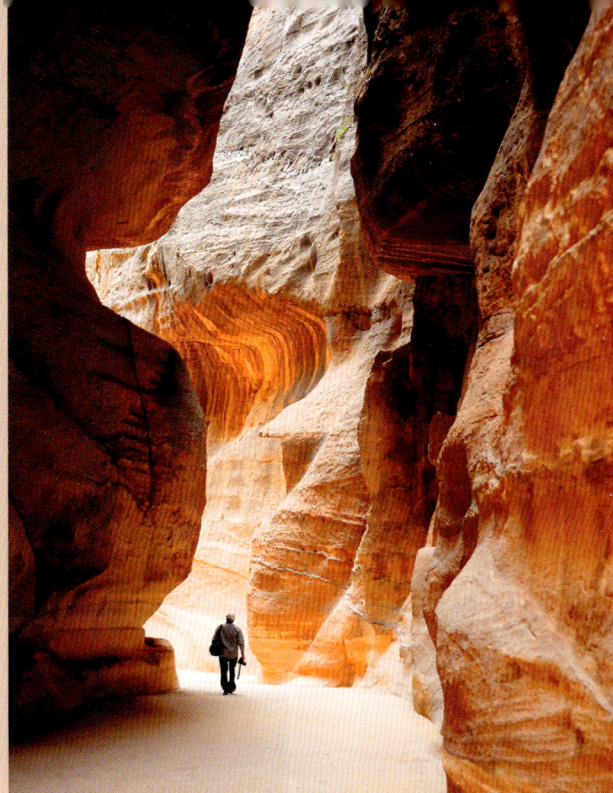

关于佩特拉城名字的由来众说纷纭。佩特拉在希腊语中有石头、岩石之意。佩特拉城正是一座在摩西峪中整块嫣红色岩石上开凿出来的城市。然而，佩特拉之名也有可能来自阿拉伯语的"巴塔拉"一词，这个词语有切割、割断之意，暗示佩特拉城与外界隔绝。

纳巴泰人是佩特拉及阿拉伯半岛、约旦、叙利亚等地区诸多城市的缔造者，但纳巴泰人究竟起源于何处，我们知之甚少。他们将"Reqem"（古名）发展成为古代近东的重要城市。这个游牧民族通过奢侈品贸易发家，也招致了古希腊人的觊觎。据推测，纳巴泰人大约于前4世纪出现在阿拉伯半岛南部。在阿拉伯半岛南部一些专有名词中，有闪米特语族词根"nbt"（意为出现、出没），这极有可能就是纳巴泰语"nbtw"一词的原型。此外，纳巴泰人精通灌溉和水利技术，这正是今天也门人擅长的技术，这说明纳巴泰人或许起源于阿拉伯半岛南部。还有说法称，纳巴泰人来自阿拉伯半岛东北部今科威特一带，但支持这种猜测的依据仅仅是两者地名间模糊的关联，以及纳巴泰人与新亚述人口中美索不达米亚平原阿拉伯族群所使用的书面语言存在某种相似性而已。当然，也有人试图证明纳巴泰人起源于阿拉伯半岛中部。

最终，纳巴泰人迁徙至约旦的以东（"以东"意为红色，即这个地区的主要色调）人国家。但纳巴泰人不久便遭遇了自然资源的短缺。尽管他们占领了叙利亚蒙兰高原和外约旦高原等土地肥沃的地区，但其势力范围内大部分土地仍是贫瘠的沙漠。纳巴泰人将从沥青矿湖（即死海）中提取的少量铜和沥青销往埃及，供埃及人嵌填船缝和木乃伊防腐，但这依然没有为纳巴泰人的生活带来富裕与繁荣。于是，纳巴泰人逐渐将目光投向了贸易领域，担任起了"中间商"，销售奢侈品。他们倒腾的主要产品包括产自阿拉伯福地（也门）的乳香、没药和其他香料，以及产自印度河流域的香料，这些产品会运往红海岸边的纳巴泰人港口——莱克科美。

纳巴泰人的商业嗅觉敏锐，能熟练运用当时近东地区通用的阿拉米语，并且擅长贸易经营。不久，这个曾经的游牧民族一跃成为商业巨头，主宰了整个地区的跨国运输贸易。

西克山峡谷通道。经由这条通道可进入佩特拉城，通道两侧的岩壁高度超过100米（Regien Paassen 供图）

狮子餐室

罗马陵墓遗址
（Serafino Mozzo 供图）

由于纳巴泰人的沙漠商队形式和体系多样，我们尚不能准确概括其组织形式。但可以确定的是，有时纳巴泰商队中的人员和骆驼数量相当庞大，行进时宛如军队般浩浩荡荡。这些大型商队的幕后老板大都是当地的大人物，他们或是拥有巨额财富的商贾，或是某一领域的领袖。为了更好地集中资本和权力，这些纳巴泰人选择暂时或永久地定居某地；其中大部分成为当地的常住民，并投资在商路沿途建设了驿站城市。纳巴泰人经加沙港口和亚历山大里亚将货物出口至希腊和意大利，这些珍稀商品用于宗教仪式、化妆、烹饪及制药。与今天相似，物以稀为贵。商队通过运输收益，迅速积聚财富，运输线路也不断延长，控制了内盖夫主要道路及西奈和通往波斯湾的道路。

由于时局动荡，纳巴泰王国的边境范围频繁变动，难以确定。实际上，"纳巴泰世界"的说法可能更为贴切，因为纳巴泰文明对其周边地区产生了重大的影响；即使没有直接统治，纳巴泰人也已经与周边地区建立了紧密的商业联系，控制着驿道。可以想象，纳巴泰国王实际统治着今约旦、内盖夫，以及加沙、西奈、汉志的港口，一直到红海岸边的莱克科美港。前84—前72年，大马士革人受到外黎巴嫩地区伊图里亚贵族的威胁，曾向阿雷特斯三世求援，这说明，这次大征服运动已经接近纳巴泰王国的北部边境。

纳巴泰王国的首都佩特拉坐落于摩西峪（干河）的崇山峻岭之中，城市的部分水源则来自这条干河。

复杂的罗马士兵墓（2世纪）

罗马士兵墓的前门

佩特拉古城遗址占地面积约为80平方千米，因其外观精致的陵墓建筑而闻名于世。此外，佩特拉也是一座都会城市，市中心建有商店、民居、礼拜堂、旅店等建筑。试想，一群人谈笑风生地穿过西克山峡道（连接摩西峪与佩特拉的主要道路），玫红色的岩壁在阳光下泛着光彩，小童的笑声、人们的诵经声、商队的号子声、骆驼的嘶鸣声不绝于耳……相比其他城市，佩特拉的特点尤为明显：一般的希腊-罗马式城市都遵循内外层级分明的城市规划原则，即内城与外城由堡垒城墙分割开来；而佩特拉在方圆10多千米的山岩上修建的居民区布局分散。山岩是佩特拉人保卫城市的天然屏障，他们只需在山岩的某些要害地点建设用于烽火传信的防御工事便足矣。佩特拉城市中并无类似卫城的制高点，但是城市位于盆地底部，四周的峭壁和河流形成天然屏障。居民借助管道、蓄水池、堤坝，使珍贵的水源汇入运河，满足自身、动物及植物需要，因为整个佩特拉文化（至距佩特拉6千米的摩西峪所在地）中最突出的就是纳巴泰人高超的水利技术。

人们不禁要问：为什么佩特拉城和运输要道之间存在一定的距离，尤其是和繁忙的、连接亚喀巴和北部城市的"国王公路"相距甚远？为

"复活之墓"（2世纪）

方尖碑古墓。古墓的二层设有1间名为"西克之门"的宴会厅

"复活之墓"遗址（Gargonia 供图）

什么佩特拉人没有像希腊人、罗马人那样，选择在摩西峪高坡修建城市及防御工事？而且，倘若佩特拉人选择毗邻农田修建城市，便可以在被敌军围困时保障军需的持续供给。其实，纳巴泰人之所以这样选择，是因为游牧民族的天性使得他们习惯了与崎岖的山岩为伴，不会考虑适应其他的生存环境。

佩特拉人的选择是明智的，尽管这座城市曾遭遇多次进攻，但却从未失守。

罗马人塞克迪尤斯·佛罗伦蒂努斯在遗嘱中嘱咐自己的儿子，要为其修建一座匹配其身份的陵墓

纳巴泰人的宗教

纳巴泰人的宗教信仰与其艺术一样，来源于以东、阿拉伯、希腊、罗马、叙利亚、巴勒斯坦等多个民族，是多元神祇形象融合的产物。与信奉雅赫维的以色列不同，这里不存在相似的统一的民族：某些神祇在一些地方被奉为至高无上的神，但在其他地方却几乎不为人知，这是民族差异及边疆区域的不同影响所决定的。

祭祀遗迹。玛德巴特祭祀圣地的至高处伫立有2座高6米和7米的方尖碑，分别象征杜厦拉—乌扎神和阿勒特神（CBH 供图）

万神殿供奉的主神杜厦拉是佩特拉城及盖亚东部地区（今摩西村）间的最高峰——厦拉山脉的山神，"杜厦拉"一词在纳巴泰语中为"源自厦拉山脉"之意。杜厦拉是王朝的守护者，亦是纳巴泰人至高无上的主神，因此纳巴泰民间有种说法"神分两种：一种是杜厦拉，一种是其他神"。杜厦拉应该对应着希腊神狄俄尼索斯、罗马神朱庇特，显然也应该包括叙利亚神巴尔夏明。杜厦拉崇拜活动在女儿宫中进行，这一称呼来自贝都因人所称的"法老女儿的宫殿"。杜厦拉的伴侣是"最强者"乌扎女神，对应的是希腊神阿芙洛狄忒。女儿宫这座建于前1世纪下半叶的建筑，早于希腊的四壁端柱式"安塔"建筑及罗马时期（2—3世纪）的白色大理石阶梯式建筑，但它无疑汲取了前人的智慧。宫殿内外墙壁上的石灰彩绘类似庞贝壁画第二风格和提洛岛的狄俄尼索斯神庙（建于约前125年）。女儿宫内部分为3个部分，中室放有象征神祇的圣石。左右两侧室有台阶，可以通过建在结实的墙壁上的楼梯进入。建筑底层是举办圣餐及祭祀活动的场所（如大型集会、神祇庆典、国王庆典及追思仪式等），上层则用于陈列宝物和圣器。古罗马地理学家、历史学家斯特拉波（约23年去世）认为，宫中或有通往天台的通道，因为纳巴泰人曾在女儿宫的天台摆放祭坛，举行太阳崇拜仪式。在北端，即摩西峪一端，是飞天狮神殿。神殿因建有两排刻有飞天石狮像的科林斯式柱廊而得名。飞天狮神殿建成于公元元年前后，同样供奉着"法老女儿的宫殿"中的那对夫妇，然而此处的神祇对应奥西里斯和伊西丝。对这两位神祇的崇拜在纳巴泰人中十分流行，无疑是由商队经通往亚历山大里亚的路线带来。女儿宫的后侧修建有一座小神庙，今天仅余一根石柱，贝都因人称之为"法老的权杖"。可以想象，在佩特拉，沿摩西峪两侧曾经分布着众多神庙建筑。

纳巴泰人还崇拜一位重要的神祇——书写与占卜之神库特巴。库特巴是水星的象征，相当于巴比伦的神纳布，他是巴比伦和阿拉米神话中的书吏之神。对该神的崇拜可追溯至巴比伦王纳布尼德（前6世纪）为期10天的北阿拉伯半岛视察之旅。阿勒特女神（对应雅典娜和密涅瓦）、乌扎和纳巴泰人的命运女神（Nemésis Manawât）围绕在伊拉的安拉（意为"神"，伊拉的地方神）周围。此前，在商队旅行时，人们更加青睐的神祇是"部落伙伴"（Shay alqawm）。

神庙并非唯一崇拜神祇的场所。在佩特拉和纳巴泰王国的其他地方，发现了众多祭祀遗迹，排列整齐的神像和圣石壁龛，象征安放神像的祭坛圣石（"beth-el"在闪米特语族中为"圣石""神灵居所"之意）。这些遗迹通常修建于令人意想不到的地方，如山洞（Qum el-Biyara）、坑洼、泉水（Qattar ed-Deir）流经之处，抑或是洪水中漩涡形成之处（Sidd al-Ma'jjin）。人们必须攀上依岩壁开凿的阶梯，或者经过建有壁龛的陡峭山路才能到达圣所。还有一种更为简单的小型密室，供奉着一块圣石或穿着希腊–罗马服饰的神像，密室一般建于人口密集之处，是家族圣地、家族墓地所在，这种做法是为了寻求神祇庇佑。

绝大部分圣石属于人形圣石或"眼俑"系列，未刻画神祇形象，仅有少数圣石的表面刻有简单的几何线条勾勒出的形象，眼球嵌以宝石。圣石常置于底座（"motab"在闪米特语族中有"底座""坐"之意）之上，形状有的是简单的梯形（台），有的类似玛德巴特"高地"那种带有阶梯的平台。

纳巴泰人的圣所

顾名思义，"高地"修建于山岩之上，与苍穹相接，俯瞰整座城市。佩特拉城中每一块特定区域都有属于自己的圣地，这不禁使人联想到，或许这些特定区域就是佩特拉城最初以部族为单位划分的城市区域，这与碑文记载的帕尔米拉城的区划方式如出一辙。走进"哈兰"（Harêm）圣场，映入眼帘的是几座方尖碑（Nefesh），其价值可与圣石比肩。人们在那里祭祀包括骆驼在内的各类动物，在盛大的祭奠上这些动物被用来以血祭神。上文提及的玛德巴特"高地"右侧巨大的矩形空地上，有为祭祀者准备的长凳。底座对面有供祭司站立的高台。左侧则是为神职人员预留的位置，放置有带壳斗和渠槽的水盆，用于收集牲畜的血。每处圣地均配有蓄水池，以供礼前洁身及擦拭礼器用。尽管我们尚未确知这种祭祀仪式举行的规律，但可以确定的是，必然有一部根据季节变化指导官员行动的历法。仪式期间，圣石由仪仗队伍经笔直的商道或西克山峡谷的狭窄通道护送至圣地。

玛德巴特山上的祭祀"高地"（Alexandre Tourovets 供图）

玛德巴特"高地"

宴会厅

包裹。最经济实惠的埋葬方式是"墓穴葬"，即只在地上挖出一个矩形的土坑，以石板覆盖。还有一种竖井墓，是一种集体安葬的形式，也是更加复杂的墓穴葬，与公共墓地相似，但墓穴更深。竖井墓侧壁开有凹槽，便于运送尸体，其中有放置尸体的侧室或类似大墓的墓穴。

圣所不远处，或在陵墓正面入口处建有宴会厅，设置2~3条长凳，供宴会使用，纳巴泰语称"玛泽哈"（Marzehâ）。有些长凳为马蹄形，可供13名宾客和2名乐师使用。仪式由主人主持，宾客饮酒不得超过11杯。国王亦曾参与这种团聚仪式，尽地主之谊。古罗马地理学家、历史学家斯特拉波认为，这类国王参与的活动便是民主制度的雏形，但具有明显的东方的部落习俗特点，即君主是臣民的"父亲"，而西方制度则较少使用父权。

13名宾客及主持人坐的位置不由得令人想起耶稣"最后的晚餐"的场景。但这并非表明纳巴泰人在前伊斯兰教时期多神崇拜中发挥的作用，特别是在与安拉的关系上——安拉是阿拉伯人复杂的神祇崇拜体系中最具影响力的、至高无上的主宰——以及在穆斯林摆脱一系列次要的小神的过程中发挥的作用。纳巴泰人最主要的神祇杜厦拉的原初形象"独一无二的主之子"有助于一神教观念的传播。纳巴泰人的信仰直到4—5世纪基督教扩张之时才被打破，但圣石崇拜的习俗却通过圣城麦加的克尔白和《旧约圣经》中雅各布的石块记载延续下来。

希腊哲学家亚希诺多拉的著作是斯特拉波著作的素材来源。亚希诺多拉认为纳巴泰人不尊重死者，视之为粪土，因为赫拉克利特曾言"死者，弃之"。但这种说法实际上是一种误读。"kpr"一词在阿拉米语中为"坟墓"之意，希腊语kipros则有"粪便"之意。亚希诺多拉听到纳巴泰人说要将逝者的尸体埋进"坟墓"，便误以为是对死者不尊重。他的结论也缘于众多古代墓地都位于城市边缘，靠近垃圾场。但种种考古证据表明，这种安排并非将死者驱逐出人类社会。祭祀场地周围发现了丰富的食物、祭品（陶器、油灯、俑像、珠宝、钱财、青铜铃等），这些都是留存下来的记忆，祝愿逝者"一路走好"，与埃及人如出一辙。在世的亲人为避免逝者的坟墓被盗，保护逝者的安宁，会诅咒企图盗墓的人。逝者的墓志铭具备一定的法律效力，注明了被埋葬者的姓名及埋葬的地点，并规定将墓志铭的副本存入发挥城市档案馆功能的神庙。

死者头部朝向南方，尸体用旧衣服或兽皮制成的裹尸布

除此以外，纳巴泰人还采用部分火葬、完全火葬、石灰填充葬、木棺葬、石棺葬、木乃伊防腐葬以及立墓碑等多种方法，来表达对逝者的怀念。

女儿宫（全称为"法老女儿的宫殿"）遗址

（OPIS Zagreb 供图）

（Joseph Calev 供图）

女儿宫（前1世纪下半叶）

纳巴泰人与敌军

有关纳巴泰人最早的历史记载可追溯至前4世纪，当时他们与希腊人发生冲突，前3世纪末又与塞琉古人陷入纷争。后来，他们经过与邻近的哈斯摩尼人的激烈斗争，成为当时近东地区最为强大的政治势力。

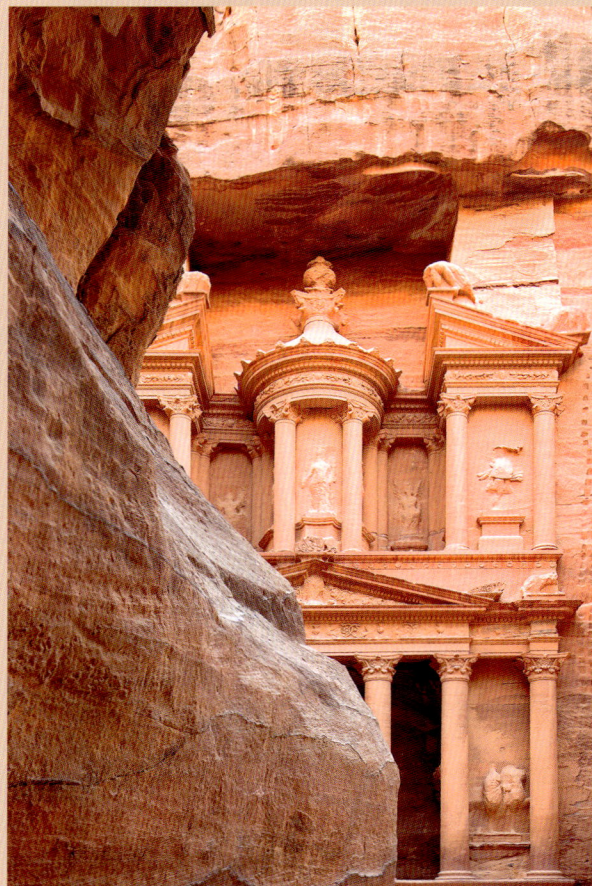

纳巴泰人与亚历山大大帝继承者的斗争（前312—前64年）

前323年亚历山大大帝死后，其麾下的将领（即其继承者）展开争夺帝国领土的战争。其中最具战略能力的将领、独眼的安提柯（安提柯一世）在轻松占领小亚细亚和叙利亚-巴勒斯坦地区后，野心勃勃地企图统一亚历山大大帝留下的领土。繁荣的纳巴泰王国是当时近东唯一没有归顺马其顿王国和叙利亚新政权的国家。于是，前312年，安提柯一世的挚友雅德那受命前去讨伐这些"骄傲的阿拉伯人"。雅德那得知，纳巴泰人每年都会举行一次盛大的节日活动，他们会将所有的金银财宝运往一处岩地（希腊语称为"佩特拉"），它位于城市西南部中心的乌姆比亚拉山上，届时老幼妇孺亦会悉数前往。趁着这个防御薄弱的时机，雅德那率领4000名步兵及600名骑兵登上岩地，掠夺了500塔兰特银两及大量的乳香、没药，屠杀了众多壮年民众。一路行军40多千米后，军队安营扎寨。此时纳巴泰军队得到了幸存者传来的消息，展开报复行动，一举歼灭了睡梦中的希腊军队。希腊军幸存者不超过50人。纳巴泰人致信安提柯一世，信件以阿拉米语书写，安提柯一世回以外交辞令称：这是雅德那的个人行为，我并不知情。但安提柯一世对于此次战败如鲠在喉，不久后他发起了第二次进攻。这一次，他派遣自己的儿子德米特里率4000名步兵和4000名骑兵上阵。但早已埋伏好的纳巴泰哨兵得到了敌军临近的消息，以烽烟通知城中民众逃离。纳巴泰人火速安置好了财产和牲畜，德米特里大军空手而归。返程途中，德米特里占领了沥青矿湖（即死海）。湖中的沥青资源极为丰富，是纳巴泰人销往埃及的重要产品。纳巴泰人怒不可遏，遂遣6000名精兵一举歼灭了希腊军队。自此以后，亚历山大大帝的继承者再也没有征讨过岩地居民。

纳巴泰人和哈斯摩尼人的斗争

前3世纪和前2世纪之交，塞琉古人占领了叙利亚-巴勒斯坦地区，这片土地被视为亚历山大大帝留给他们的遗产。此地的阿拉伯人大多为纳巴泰人，他们已归顺安提柯三世统治的塞琉古王国，与纳巴泰人的商业竞争对手——埃及的托勒密王朝对峙。前175年，塞琉古国王安提柯四世企图在新征服地区推行宙斯崇拜，特别针对臣服的犹太人。作为独一无二的雅赫维的忠实信徒，犹太人于前167年起义，神庙大祭司、塞琉古王国的主管耶训（Jason）出逃至佩特拉城。但城主随即将其驱逐，他们不希望破坏其与邻邦巴勒斯坦的关系。实际上，早在犹太祭司玛他提亚和他的儿子组织民族反抗运动之时，纳巴泰人就曾助他们一臂之力，但纳巴泰人的这份善意却在之后的几十年间一直没有得到犹太人的回报：哈斯摩尼王朝的犹太国王亚历山大·赞拿乌斯对邻国实行暴力专政，甚至侵占了纳巴泰王国最重要的港口城市——加沙城，纳巴泰国王阿雷特斯二世（前120/前

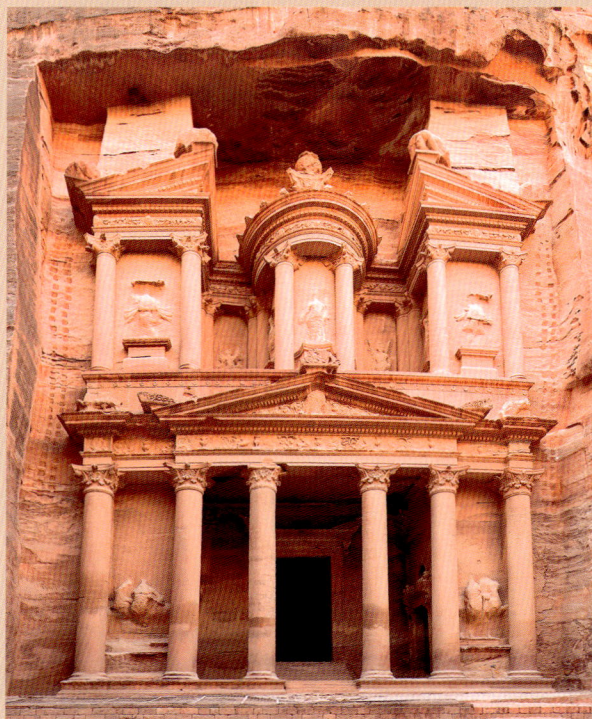

卡兹尼神殿（前1世纪）遗址，一位纳巴泰王的陵墓（Jane Rix 供图）

110—前96年）由于未能及时赶到加沙城而致城池失守。前93年，阿雷特斯二世的儿子奥博达斯一世将父亲的失地重新夺回。前88—前87年，奥博达斯一世击败了塞琉古国王安提柯十二世。安提柯十二世战死，不久后其残余党羽也被剿灭。

卡兹尼神殿

科林斯式陵墓（1世纪末）遗址，它是对卡兹尼神殿拙劣的模仿品（Dimos 供图）

希腊风格的货币。亚美尼亚王提格兰大帝逼近时，阿雷特斯三世被迫撤离，但再次与亚历山大·赞拿乌斯爆发战争，并于前82年在卢德城取得一场关键性胜利。遗憾的是，阿雷特斯三世的敌人哈斯摩尼人夺取了12座摩押和以东城市及地中海地区的若干港口，最终获胜。前67年，赞拿乌斯去世，他的两个儿子赫卡二世和亚里斯托布鲁二世争夺王权，后者战胜长兄，登上王座。赫卡二世有一位名为安提帕特的心腹，其妻是纳巴泰人，遂投奔阿雷特斯三世寻求庇护，赫卡二世承诺，若阿雷特斯三世帮助他扳倒弟弟，他将归还那12座城市。阿雷特斯三世于前65年率5万大军击败亚里斯托布鲁二世，并占领耶路撒冷。然而，已经将亚美尼亚的提格兰收为部下的罗马将军庞培派遣了将领斯卡卢，警告阿雷特斯三世放弃占领圣城耶路撒冷，否则就被视为罗马的敌人。庞培将塞琉古王国的其他领土设置为叙利亚行省。他将占领、征服纳巴泰人的重任托付给斯卡卢。然而，斯卡卢并未攻克"磐石"。但斯卡卢硬是刻制了一枚勋章，刻有阿雷特斯三世跪在骆驼旁求饶的场景。

前85年，奥博达斯一世去世，葬于奥博达城，即今内盖夫地区的阿芙达城。此后，人们在佩特拉城修建了圣殿，奉其为神明。

他的继承人阿雷特斯三世于前85—前62年执政。塞琉古王朝日渐衰落，国王安提柯十二世死后，叙利亚诸多小国竞相争取独立，大马士革居民为了抵御伊图里亚诸首领的威胁，向纳巴泰国王请求援助。之后的12年，纳巴泰国王统治叙利亚都城，发行刻有"阿雷特斯王，希腊之友"的

前62—前59年是奥博达斯二世的统治时期。他在位时间虽短，但时局却相对稳定。罗马人虽觊觎富庶的阿拉伯半岛，却直到前55年才再次入侵纳巴泰王国。叙利亚总督加比尼乌斯战胜马里霍一世。前47年，马里霍一世为了援助在亚历山大里亚受困的恺撒大帝，派骑兵前去支援。但几年之后，他又转向已经

科林斯式陵墓

突破罗马共和国东部边界的帕提亚人一方。前39年，侵略者被击退后，他们被罗马人苛以重税处罚。当时，安东尼正被克娄巴特拉七世（即埃及艳后）吸引，他割让了纳巴泰的阿曼尼提德，并课税200塔兰特以取悦他的爱人。马里霍一世起义反抗不公正待遇，安东尼派犹太王大希律王镇压。前31年，大希律王在菲利达菲亚城（安曼）附近歼灭纳巴泰军。但不久之后，因为克娄巴特拉七世的恣意，大希律王的军队也被罗马将军剿灭。安东尼为了埃及艳后抛弃了自己的妻子屋大维娅，屋大维娅的弟弟屋大维·奥古斯都怒不可遏，在亚克兴战役中击败这对野心勃勃的情人，成为罗马帝国唯一的统治者。马里霍一世为了弥补此前的决策失误，即支持帕提亚人及在战争前夕为安东尼提供人员支援，随即痛击埃及女王的舰队。克娄巴特拉七世和安东尼见大势已去，双双自尽。

洞穴住所遗址（Paul Cowan 供图）

纳巴泰人的生活环境

前1世纪末，大部分纳巴泰人安居乐业。砖房、帐篷和在岩石上开凿的洞穴比肩而立。奢华的民居与标志性的建筑同时出现。纳巴泰人的居所融合了希腊化建筑及东方建筑的风格，公共活动区域集中在有立柱的前厅和柱廊庭院中，与地中海建筑相似。墙壁绘有希腊风格的图案，有的铺设石地板。私人起居区域简约宽敞得多，围绕庭院而建，与东方建筑布局相似。与希腊-罗马式城市不同，佩特拉是一座"东方"城市：没有详细的功能分区，没有严谨的规划布局，没有组织机构协调。布局分散，居民区距城市中心远近不一。这样修建城市主要有两个原因：地形的特点及其局限性。佩特拉从建城之初就已经确定了农田、水流、主要道路和部落组织的特点。与帕尔米拉城一样，出于安全和便利的考虑，家族之间和部族之间相距不远。随着城市规模的不断扩大，大路小径沿地势蜿蜒而建，将各个居民区连接起来。神庙等公共建筑则具有标志性，是集会场所。这种城市规划布局沿用了3000多年，直至19世纪才被取代。

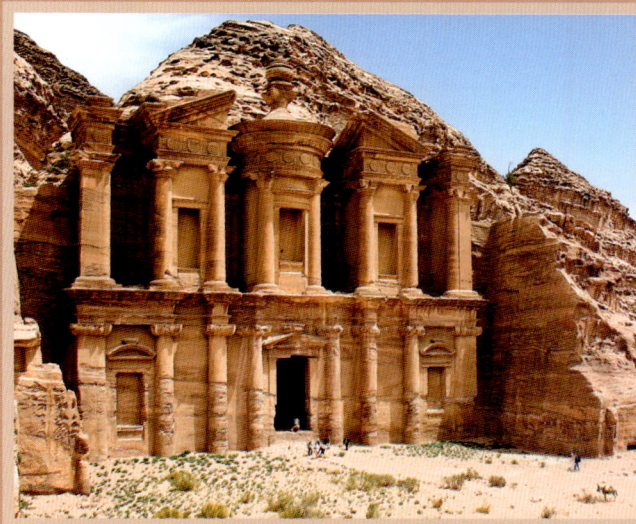
沿摩西峪拾级而上，行进45分钟，经狮子餐室，即可抵达代尔（"修道院"，2世纪初）（DanielW 供图）

纳巴泰人居住区

代尔（"修道院"）的大型祭祀活动

罗马人的吞并

106年，图拉真趁拉贝尔二世驾崩之际，吞并了纳巴泰王国，将其纳入罗马帝国的阿拉伯行省，布斯拉成为其首府城市。

金瓮墓遗址（1世纪）（Ahmad A Atwah 供图）

一切似乎进展顺利，平淡无奇。107年，一名罗马士兵在给远在埃及的父母写信时，生动地描写了佩特拉商队运送的货物有多么富足。尽管布斯拉农田广袤、人口繁盛，已取代佩特拉的地位，但佩特拉仍然是重要的都会城市，罗马行省长官依然在佩特拉理事。其中一位名为塞克迪尤斯·佛罗伦蒂努斯的行省总督，甚至在佩特拉城的库巴塔山脉上为自己修建了一座陵墓（参见第7页）。陵墓大门的上方刻有以拉丁文撰写的墓志铭，我们从中可以得知这位帝国官员的职业经历。他于126—130年哈德良统治时期任阿拉伯行省总督，在被任命为元老前死于佩特拉。另外，他任职于阿拉伯半岛前，还曾担任布列塔尼军团长、希腊阿凯亚地区财务官以及山外行省副执政官等职务。

尽管佩特拉占据着连接布斯拉和亚喀巴的商业要道——凯旋大道，但是由于它的交通中心地位已经被帕尔米拉取代，所以它已不再是大的商栈城市，却仍然是东方一个享有盛誉的二线城市。其城市化水平足以反映罗马治世时期的繁荣与昌盛。

222年，马尔库斯·奥列里乌斯·安东尼努斯（即埃拉伽巴路斯）执政时期，佩特拉成为罗马帝国的殖民地，称Élagabal。埃拉伽巴路斯是埃美萨的太阳神巴力的大祭司，他将个人神埃拉伽巴（el-Gabal）崇拜引进罗马，这便是这个城市名字的来源。由于热衷于宗教崇拜，无心治国，他的行为愈发荒诞无度，并最终被其贴身侍卫杀害。

女儿宫祝圣广场门

祝圣广场门——女儿宫正门及祝圣广场遗址
（Robert paul van beets 供图）

金瓮墓

楼阁墓遗址，也称"宫殿墓"（1世纪）
（Vitalli Nesterchuk 供图）

楼阁墓

295年，戴克里先进行行省改革，阿拉伯行省中的内盖夫、亚喀巴和佩特拉城被划出。358年，这些被划出的城市又被归入巴勒斯坦，组成了巴勒斯坦-萨卢达里斯行省，佩特拉则成为其中的一个独立市。遗憾的是，佩特拉城再也没能重拾往日的辉煌。363年，它在一场地震中化为废墟，从此沦为流放之地。

金瓮墓（1世纪）

基督徒于4世纪早期出现在佩特拉，此时佩特拉多数人对于基督徒来说仍然是异教徒。此后的100年间，居住在城郊的阿拉伯人纷纷涌入城市，而城内的纳巴泰原住民人口骤减。金瓮墓又称神龛墓，高26米，因其至高处建有神龛而得名。446年，主教耶训将其改建为祝圣教堂。佩特拉附近的摩西峪右岸至少还有2座教堂。为了方便基督徒举行礼拜仪式，陵墓两侧还各加开了一扇侧门。墙板上的小型拱门由纳巴泰人建造，通往陵墓的阶梯却极有可能是拜占庭时代的遗迹。此外，位于陵墓右侧的石梯无疑也出自纳巴泰工匠之手。墓室中筑有一面一人多高的墙，起分隔作用，可容纳更多墓葬。

楼阁墓（1世纪）

楼阁墓宽49米，高46米，堪称佩特拉最为宏伟的建筑，但它同时也是佩特拉地区损毁较为严重的遗迹之一。其中陵墓第三层由于积聚了大量的雨水，损毁尤为严重。实际上，陵墓内曾修建有一条引水管道，可以将雨水引至陵墓北侧的大型蓄水池。但由于长年累月的消耗磨损，管道出现缝隙，导致雨水浸灌了整座陵墓，其中第一层的陈列摆设均已悉数损毁。尽管现在已经在陵墓右侧第二间房内找到了一条被架起的长凳，但是建筑的总体状况仍无从知晓。

屋内叙之墓。屋内叙是拉贝尔二世之母——夏奇拉二世的大臣（1世纪）

剧场（1世纪早期）

剧场沿"祭坛山"玛德巴特的北坡而建，这里是佩特拉较重要的圣地之一。剧场的建造年代可追溯至阿雷特斯四世统治时期（前9—40年）。剧场的舞台建在古老的商栈城市的公墓上。这项建在公墓上的工程从开工伊始就饱受争议，它是罗马殖民者罔顾其他民族逝者的意愿而建造的工程，结果却适得其反。

剧场一直使用到363年5月，终在一场地震中损毁。747年，一场地震彻底摧毁了这座剧场，此时正值阿拉伯王国倭马亚王朝（661—750年）哈里发统治时期。这座剧场可以容纳3000~4000人，观众在此可以欣赏到希腊的戏剧、舞蹈和喜剧表演。剧场是以当地质地较软的石料建成，相较于帕尔米拉、杰拉什和布斯拉的剧场而言，其外观更加简约朴素。

在剧场乐池考古中，出土了许多环状器物。起初，人们认为这些环状装置是用来在表演时控制野兽的。但一位美国考古队成员则证实，它们是用于控制台柱起落并固定台柱的。

剧场今景（Aleksandar Todorovic 供图）

剧场

巴勒贝克：从巴力到朱庇特

巴勒贝克坐落于贝基山谷，其名源于闪米特神祇"巴力"，巴力是闪米特文化中的农作物、风暴、雷电和雨水之神。巴勒贝克是黎巴嫩海岸至大马士革道路上的商业重镇，坐拥奥龙特斯河及利塔尼河这两条为黎巴嫩提供水源的河流。此外，巴勒贝克仅在建成后的几十年内，便已跻身重要的宗教城市之列。

朱庇特神庙遗址（Oscar Espinosa 供图）

巴勒贝克地区早在青铜时代就已有人类活动，关于这一点，我们从朱庇特神庙遗址便可以略窥一二。巴勒贝克的周围是依靠山岩而建的腓尼基人的陵墓。这个海洋民族自前2500年起就在黎巴嫩河谷、巴勒斯坦和叙利亚北部建立众多的商栈城市，其活动范围甚至跨越了地中海，到达大西洋东海岸部分区域。腓尼基文化曾经对希腊神话产生深远影响。腓尼基人在抵达巴勒贝克后，便开始大力推行巴力神崇拜，供奉其子埃利扬、其女安娜特，以及他兄弟的情人。

这座城市的名字无疑源于腓尼基人的巴力神崇拜传统，因为"巴勒贝克"一词正有"巴力之城"的含义。在《圣经》中被称为"巴拉特"。巴勒贝克是前970年所罗门王曾加固过的城市，这更加印证了有关腓尼基人在此地的宗教崇拜传统，以及其在从海岸通往大马士革的交通要道上的商业地位。

建成后的几个世纪里，当地人一直对于巴力神诞生于此地的传说津津乐道。他们将其与叙利亚的哈达德神和希腊的宙斯神融合。因此，在罗马人占领城市后，巴力神庙随即更名为"朱庇特神庙"，朱庇特就是罗马的宙斯神。如此看来，长久以来，巴力神在此地的地位并未动摇，只是称谓发生了改变。

在维持长达几个世纪的相对独立后，腓尼基民族被亚历山大大帝征服。前323年，亚历山大大帝去世后，这个地区先后被埃及托勒密王朝和叙利亚塞琉古王朝统治。托勒密王朝的统治者将城市更名为"赫利奥波利斯"，意即"太阳之城"。该名称充分体现了新任统治者对这座宗教城市给予的极大关注，因为"赫利奥波利斯"亦是下埃及地区一座重要城市的名字。于是2座同名城市缔结为友好城市：埃及祭司们从埃及的赫利奥波利斯护送一尊神像历时数周、行程数百千米前来拜谒。自此，"赫利奥波利斯的朱庇特神"诞生，它融合了希腊/罗马的宙斯/朱庇特和闪米特-腓尼基人的巴力神的特点，获得了巴勒贝克-赫利奥波利斯的光环。它的形象是无须、头戴卡拉索思高帽（即圆柱形高礼帽），环绕着健硕的公牛，这是腓尼基人的巴力神形象。塞琉古王朝统治时期，在罗马神庙兴建之前，巴勒贝克仍然是著名的宗教中心：神谕吸引着众多权贵前来，他们削发剃头，遵守持续相当长时间的斋戒仪式规范，在神庙主庭院中的神像前等待神启。

巴克斯神庙遗址（Oscar Espinosa 供图）

巴克斯神庙

巴克斯神庙遗址内景（Oscar Espinosa 供图）

前63年，巴勒贝克被庞培占领。此后，它又被埃及托勒密王朝末代女王克娄巴特拉七世短暂统治，最终于前27年成为罗马殖民地。

在这个时期，朱庇特神庙建设工程大规模展开，这是古典时期同类型建筑中规模最大的一座。在奥古斯都统治时期，工程正式开始。建筑所利用的原有台基，显然是前198—前63年塞琉古教士修建开放神庙时遗留下来的。这座台基原本是更早的腓尼基人所建。巴力神在当地的地位从未改变，只是称呼发生了一些变化：巴力、宙斯、哈达德、朱庇特……在罗马人统治时期，朱庇特这个名字很有可能是"三位一体神"的核心，这也是遵循从前诸神的特征。同样，巴力的女儿安娜特变成亚述女神阿塔伽提斯，与父亲哈达德及其未确定亚述名的兄长并列。罗马人占领后，将本地神祇与他们自己的神一一对应：巴力的女儿对应维纳斯，巴力的儿子对应墨丘利或巴克斯。由于这两种说法都缺乏有力的佐证，考古学家便将第二座神庙命名为"巴克斯神庙"。巴克斯神庙相较于附近的神庙，可谓是规模最小、建成时间最晚（约150年）的，却至今保存完好。其对面是名为维纳斯的神庙，尽管尚无法证实它是为纪念维纳斯女神而建。朱庇特神庙建筑群在古代世界独树一帜，有考古学家将其称为"古罗马的巴洛克建筑"。不远处还有一座长方形的无名古代神庙。

其实，巴勒贝克诸罗马神殿的名称基本并不固定。但由于大多数皇帝与叙利亚颇有渊源，因此不排除他们用罗马名命名本土神祇的可能性。这一点目前已经成为学界共识。

巴克斯神庙遗址
（Henryk Sadura 供图）

巴克斯神庙内景

朱庇特神庙建筑群全景

朱庇特神庙

巴勒贝克：建筑与未解之谜

赫利奥波利斯的神庙历经250余年才建成，其前后两部分的建筑风格浑然一体，又独树一帜。朱庇特神庙广场前矗立着数块重达千吨的巨石。即便使用今天的起重设备，也未必能够挪动分毫。这些巨石是用什么方式被放在这里的，至今仍是未解之谜。

公元前27年前后，奥古斯都开始修建朱庇特神庙主殿，直至54—68年，尼禄统治时期才得以建成。我们在本书中所呈现的巴勒贝克的朱庇特神庙建筑群是3世纪中叶的状态。朱庇特神庙后方有一个长135米、宽113米的广场，两侧对称设置有2个水池，用于仪式清洁。神庙的立柱和门廊均体现出明显的科林斯式建筑风格。基座高20余米，由长3~20米、重750~1000吨不等的石材垒砌而成，上面支撑着平均高度20米的巨大石柱。

登上40级的台阶，越过12柱的柱廊，便可以进入"祭坛广场"（圣坛所在地）和神庙。神庙修建于3世纪初，塞普提米乌斯·塞维鲁统治时期，这里原本是军事要塞的入口，用以防御罗马帝国东部边境兴起的帕提亚人。神庙共有3个大门，中间为正门，两侧各有一个侧门通往六边形广场，这种样式在当时极为罕见。广场和柱廊无疑同一时期开始修建，但直至3世纪中叶腓力国王统治时期才最终建成，作为这位叙利亚出身的国王献给祖国的礼物。途经"冥思阶梯"，便可以进入祭坛广场。朝圣者从位于中轴线一端的大门进入广场，经由两侧的柱廊分流，再穿过阴凉的走廊，便可以抵达位于中轴线另一端的祭坛及神庙。礼毕，朝圣者们离开神庙，再次经由柱廊分流，六边形设计的目的在于，既可以避免人群拥挤，又可以为朝圣者们提供在柱廊内分享体会的契机。

巴克斯神庙坐落于朱庇特神庙的一侧。这座神庙简约朴素，但同样庄重大方。它建在5米高的平台之上，大门完全敞开达13米宽，而且，与朱庇特神庙相似，巴克斯神庙也采用柱廊式布局，即建筑四周建有环绕式柱廊，这在罗马建筑中极为罕见。周围修建于2世纪中叶的建筑亦体现出科林斯式建筑的风格。

维纳斯神庙是2世纪末3世纪初塞维鲁时代最为杰出的建筑作品。门廊为四柱支撑的圆形。平台和圆

巴勒贝克建筑细节（Iryna1供图）

形房间内墙壁上的浮雕与顶部月牙形的沉雕装饰交相呼应，灵气十足。发现这座神庙的考古人员通过墙壁上镶嵌的瑰丽贝壳联想认为，这座神庙应该与维纳斯有关。

朱庇特神庙西侧有3块重达千吨的巨石，名曰"巨石牌坊"。这3块巨石组成一座平台，是迄今所知人类建筑中使用的质量最大的建筑材料。它形成了一个无法解答的难题：这些巨石排列如此紧密，其间的缝隙甚至无法插入一根针，人们究竟是如何将如此庞大的巨石紧密排列起来的？

　　在距离遗址不到2000米的地方，还有一块重达1200吨的巨石，名曰"孕妇石"（Hayar el-Hibla）。可以确定这块巨石曾经坐落于巨石牌坊附近。巨石的底部并非深埋土中，只需稍微用铁镐翻动土地，便可以将其挖出。即便在今天，一般的起重机也无法搬运起如此沉重的巨石。遗憾的是，对于罗马人这一建筑成就，没有传说，也没有古代文献记载，在当地居民间确实有历史故事流传，但是似乎与罗马人无关。

圆形神庙，被称为"维纳斯神庙"

朱庇特神庙祭坛广场

朱庇特神庙广场的柱廊遗址（Milonk 供图）

透过埃及和亚述浮雕，我们可以了解到将重物放置在以圆木垫底的板车上来运输的方式。该方法的最大货运承载量仅为百余吨，还不到巨石牌坊3块巨石中一块重量的十分之一。绞盘、脚手架和斜坡构成的系统也被记录下来。这是文艺复兴时期的建筑师多美尼科·方塔纳在建造位于罗马圣保罗大教堂对面的埃及式方尖碑时采用的系统。这次的建设中仅建设坡道就使用了140匹马、800名壮汉以及40台绞盘运送并放置327吨的材料。

历史悠久的城堡曾在洪灾中被毁。据《创世记》记载，修缮重建工作由示拿（即古美索不达米亚的部分地区）统治者宁录率领巨人族完成。

前70—前60年，亚历山大里亚一位名叫赫隆（Héron）的人将记录罗马人搬运巨石的各种方法编纂成册。令人惊奇的是，该书最为完整的珍本居然是9个世纪以后一位巴勒贝克本地的阿拉伯人的译本。在几个世纪的时间里，它是巴勒贝克的镇城之宝。搬运巨石的技术为何没能普及至罗马帝国的其他城市？

朱庇特神庙及巴克斯神庙遗址（Milonk 供图）

朱庇特神庙柱廊

据专家测算，若想将如此庞大的巨石从采石场运往巨石牌坊的所在地，至少需要集4万人之力并借助坡道才能实现。在距离巨石牌坊不远处，遗留有数个半径4米的圆形痕迹……这些痕迹是否就是当时由绞盘或某种起重装置遗留下来的，我们尚不得知。此外，采石场与神庙广场之间的有限空间是如何同时容纳4万多名工人的，我们也仍然不能确定。

考古学家普遍认为，这3块巨石属于一个比罗马人更加古老的民族。因为巨石牌坊的损毁程度及加工工艺均与其周围的小块岩石存在着明显的不同。就日晒和风蚀程度而言，巨石牌坊与地中海北岸的一些大型建筑物以及有3000~6000年历史的希腊迈锡尼巨人墙有着一定的相似之处。尽管如此，当时的人们究竟是如何将巨石运至此地，又是如何将其摆放成型的，至今仍是未解之谜。

巴勒贝克北城门

朱庇特神庙祭坛广场遗址（Milonk 供图）

帕尔米拉：沙漠绿洲

帕尔米拉是大马士革东北部沙漠上的一片绿洲，是一个介于东西方之间，介于游牧生活与定居生活之间的边界城市。络绎不绝的沙漠旅行队使其远近闻名，成为古代世界较为重要的文化中心之一。

贝尔神庙的正门（Rafal Cichawa 供图）

帕尔米拉旧称塔德摩尔，它的繁荣发展主要有两个原因：一是水源，水源在沙漠中无比珍贵；二是位置，帕尔米拉位于两山交界的地理位置，是商旅的必经之地。帕尔米拉的古名源自闪米特语族中"dhmr"一词，意为"保卫"。因此，塔德摩尔具有"防守之地"的含义。至于它的希腊-罗马化名"帕尔米拉"，不过是简单的音译，与拉丁语中的palma"棕榈树"一词并无关联。

早在前2千纪，帕尔米拉就已声名远扬，亚述出土的一块楔形文字泥板可为佐证。其艺术同样反映了它作为商贸大都会的特征：虽受希腊文化影响，但伊万（三面环墙、一侧完全开放的拱顶大厅，如今的清真寺中仍有此类建筑）、拱门、拱顶等结构的使用以及艺术形象正面表现的方式则是东方建筑的遗产。

前66年，庞培负责东部地区战事，一是出征帕提亚，二是平定亚美尼亚。最终，庞培战胜了本都王国（今黑海附近）国王米特里达提斯，打通了通往叙利亚的道路，并将其副手派遣至此。3年后，他将帕尔米拉从塞琉古统治下解放，并创建叙利亚行省。罗马的军事首领给予了各大城市一定的自治权，但塔德摩尔的动荡局势并未结束，因为这位将军必须首先解决犹太人问题，即赫卡二世和亚里斯托布鲁二世之争。20多年后，罗马军队才再次踏足帕尔米拉。事实上，前41年，安东尼曾集结军队，倾尽罗马的人力、物力突袭帕尔米拉-塔德摩尔。他以帕尔米拉人游走于帕提亚人及罗马人之间、不属于任何一方阵营为借口，为这场侵略战争正名。事先

有所准备的帕尔米拉居民携带物资越过幼发拉底河，在河对岸居高临下、列队迎战，他们的弓箭手和弓箭在这个时刻优于罗马人。安东尼未能跨越幼发拉底河，无功而返。帕尔米拉虽然得以保持独立，但是不断增长的财富，即黄金贸易的利润，不可能不招致他人觊觎。

1世纪初，罗马人卷土重来。当时东方事务由日耳曼尼库斯将军主管，他受其叔父提比略委派担任帕尔米拉财政官，控制罗马在该地区的事务。新的税务法令随即出台，即赋税必须使用罗马货币第纳尔或意大利阿斯上缴。帕尔米拉逐渐沦为罗马帝国的附庸，由罗马派遣的地方长官代管。塔德摩尔人重新组成的部落组织发挥实际功用，不再只是一个象征符号，而长老院也不再仅承担简单的市政议事会功能。被派遣至此的官员有罗马驻军的支持，拥有一定的行政权力。

18年，帕尔米拉被纳入叙利亚行省，并更名为波图斯-帕尔米拉。帕尔米拉居民自此开始为罗马帝国效力。

"天堂之神"巴尔夏明神庙。该神庙的神殿于20年开始修建，但其内殿直至130年哈德良统治时期才竣工，举行落成典礼（Rafal Cichawa 供图）

70年，韦斯巴芗统治时期，帕尔米拉的弓箭兵参与了攻打耶路撒冷的战斗。

　　106年，图拉真统治时期，帕尔米拉这座沙漠之城或许已经被部分视为罗马城市了。这一年，图拉真吞并了大马士革及纳巴泰王国。

巴尔夏明神庙建筑群中包含3个柱廊广场、1间宴会大厅和1座可能存在的建筑

贝尔神庙遗址，于32年4月6日，即提比略统治时期正式落成，这座神庙供奉帕尔米拉的3位神祇：众神之首贝尔、太阳神亚希波尔，以及被称为"贝尔的公牛"的丰收与富饶之神阿格利波尔（Pavlov Valeriy 供图）

马尔库斯·奥里略在多瑙河畔以闪电之势迎战蛮族后，便即刻前往帝国东部讨伐篡权者。围剿开始后的3个月，这个篡权者便被自己的部下杀死。这次叛乱产生了深远的影响，在罗马帝国开启了军事将领或武装叛乱者执掌大权的先河。从此以后，军队将国家首脑权强加给他们的首领。

塞维鲁王朝（193—235年）时期，帕尔米拉由于连年战乱导致经济衰退。然而，217年，马尔库斯·奥列里乌斯·安东尼努斯·巴西安努斯，即人们所熟知的卡拉卡拉，给予帕尔米拉人以"意大利公民权"，帕尔米拉人从此享有与罗马人平等的权利。波斯战役（227—232年）结束时，商贸活动开始恢复，帕尔米拉人在其中发挥了重要作用。235年，亚历山大·塞维鲁于莱茵河畔遇害，塞维鲁王朝遂告终结，罗马帝国陷入军事无政府状态。帕尔米拉则趁此时局混乱之际，巩固本地的政权势力。继罗马人的殖民统治之后，帕尔米拉又在奥得纳图斯及其子希律的统治下成为真正的阿拉伯政权。260年，瓦莱里安于埃德萨战败，萨珊波斯人深入小亚细亚。奥得纳图斯借皇帝在西方被蛮族拖住之机，承担起波斯前线的重任，被授予了"罗马领袖"的称号，获得合法掌管该地区罗马军队的权力。267年战胜波斯军队后，奥得纳图斯获得"元首"及"全东部统治者"的称号，统治整个东部行省。

这个时期，精锐的骆驼骑兵部队被编入罗马军队。因4个新建行省，即被攻占的亚美尼亚、亚述、美索不达米亚和阿拉伯，图拉真统治着疆域面积最为广阔的罗马帝国。纳巴泰人曾经的贸易霸权地位已不复存在，帕尔米拉逐渐繁荣昌盛起来。哈德良皇帝摒弃了其前辈的帝国政策，重新重用帕提亚人，给予他们一定的商业特权，以及罗马帝国东部边境线幼发拉底河以东领土。帕尔米拉摆脱了竞争对手纳巴泰人，又从停止与帕提亚的战争中获利，发展势头迅猛。130年，哈德良赋予它"自由之城"（Civitas libera）的称号，元老院拥有了制定赋税标准及征收赋税的权力。因此，这座城市也被称作"哈德良-帕尔米拉"或"哈德良-塔德摩尔"，其居民亦被称呼为"哈德良-帕尔米拉人"或"哈德良的公民"，它成为罗马贵族心中的向往之地。哈德良统治时期，帕尔米拉获得了半个世纪的和平，但马尔库斯·奥里略刚一上台，便再次发动了野蛮的侵略战争。马尔库斯·奥里略执政19年，其中17年在战场上度过。

实际上，帕提亚人也曾于161年发动过侵略亚美尼亚的战争。和平仅存续了短短5年，随后将军阿维狄乌斯·卡西乌斯便取得了包括埃及行省在内的帝国东方的军事大权。175年，他自立为皇帝，执掌军事和行政管理权。

纳布神庙遗址（Imagewell供图）

此外，奥得纳图斯还沿用了"王中之王"的称号，这曾经是波斯君主的称号。帕尔米拉与罗马之间的附属关系自此不复存在。

纳布神庙。纳布是占卜之神、智慧之神，是艺术、科学及书写的发明者。与阿波罗不同的是，纳布掌管命运泥板，可以决定人类的寿命

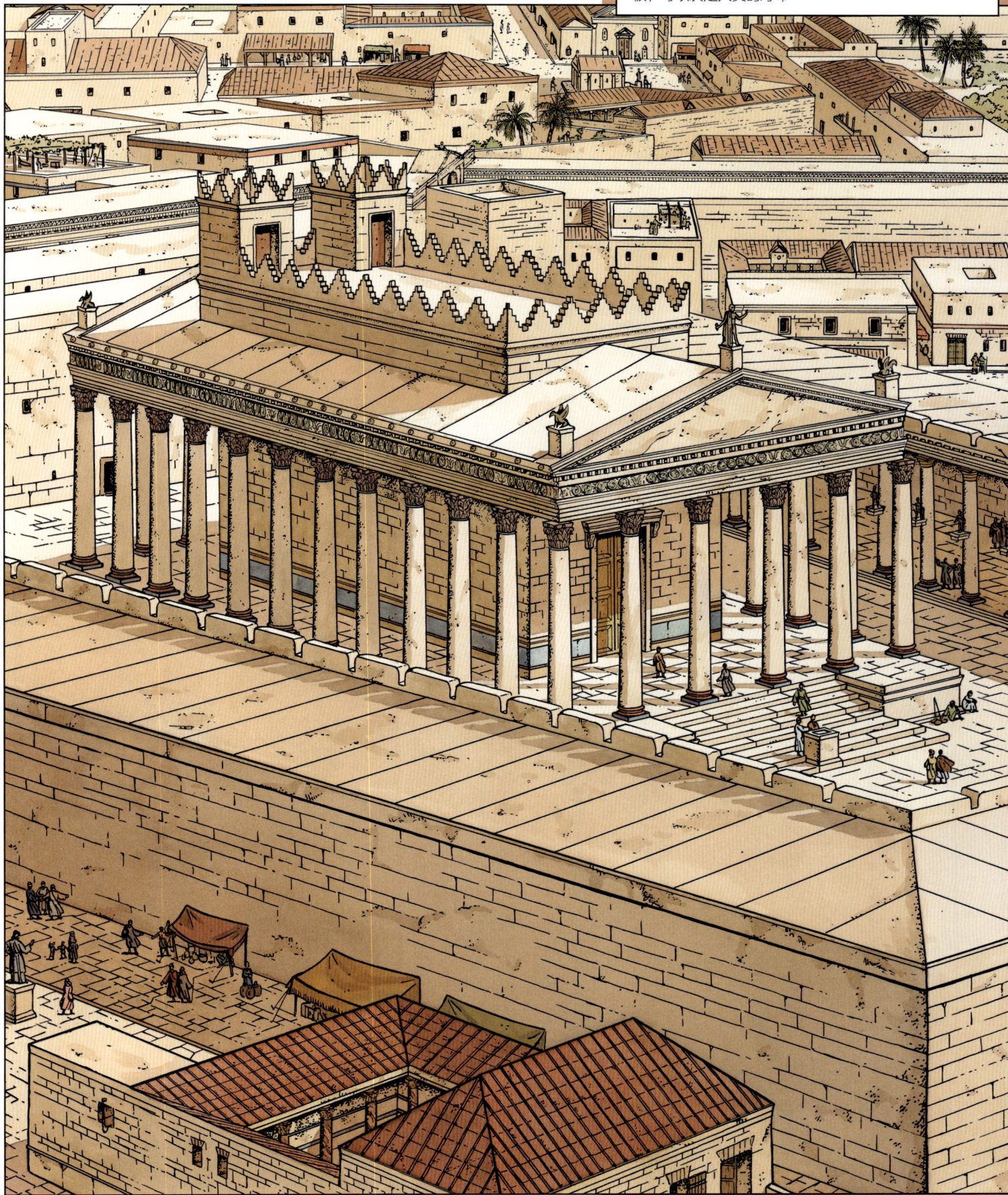

贝尔神庙

帕尔米拉和贞诺比娅女王

声名显赫的贞诺比娅宣称自己是托勒密王朝克娄巴特拉七世的后代，她接替丈夫奥得纳图斯，以幼子瓦巴拉图斯之名担任军队首脑。她面对罗马人表现出的勇气和野心使她成为古代世界著名的人物之一。

如果说贞诺比娅是集体记忆中非常鲜活的人物之一，那么，几乎没有任何可靠记录让我们描绘这位帕尔米拉女王就显得很奇怪。尽管一些钱币上铸有贞诺比娅的头像，但对我们毫无帮助：它们只是反映了一些习俗，比如，她的发型是罗马式的。

268年，贞诺比娅的丈夫奥得纳图斯和儿子希律在一场宫闱阴谋中遇害。被誉为"东方最高贵美艳的女人"的贞诺比娅以其年纪尚轻、不能掌权的次子之名继承权力。她以纵横捭阖的战略、无所畏惧的勇气，发誓为丈夫报仇，完成他未竟的事业。她趁"哥特人征服者"（又称"哥特人杀手"）克劳狄二世迎战哥特人及阿拉曼人之际，率兵攻打埃及。

帕尔米拉女王这次占领埃及的时间十分短暂，因为埃及的地方长官泰纳基诺·普罗布斯从吕西亚海盗肆虐的小亚细亚战场赶回，赶走了侵略者。数月后，帕尔米拉女王卷土重来，打败埃及军队。普罗布斯被俘，自杀身亡。同年，帕尔米拉军队攻陷叙利亚行省的首府安提柯、安西尔（今安卡拉）及安纳托利亚，并将版图扩展至整个小亚细亚，仅比提尼亚仍然归属于罗马。帕尔米拉在吞并埃及后，取得了红海海域的商业主权，并由此得以与波斯湾的商业竞争对手分庭抗礼，当时波斯湾由萨珊波斯人控制。女王占领的东部行省认为这是一个脱离罗马人掌控的机会。由于严重侵犯到帝国的领土，帕尔米拉与罗马决裂已无法避免。

贞诺比娅野心勃勃，希望自己的儿子能够得到加里恩努斯曾授予她

大石柱廊附近建筑遗迹（Milonk 供图）

丈夫的一系列称号。由于克劳狄二世保持缄默，瓦巴拉图斯得到了父亲"王中之王"及"全东部统治者"的称号。270年初，"哥特人征服者"克劳狄二世死于多瑙河前线流行的瘟疫。在罗马帝国政治和军事时局动荡的时期，他是唯一一个"自然死亡"的皇帝。

大石柱廊遗迹（Milonk 供图）

瓦巴拉图斯此后又为自己加封了"声名显赫者""元首""罗马指挥官"的头衔，而忙于征讨汪达尔人和阿拉曼人的奥勒良也只能被迫接受。当时帕尔米拉流通的货币上，一面铸有被称为"罗马指挥官"和"元首"的瓦巴拉图斯头像，另一面是被称为"奥古斯都"和"恺撒"的奥勒良。

当多瑙河边境局势暂时稳定，奥勒良随即率大军离开意大利，并命其首席副手带兵前往埃及会合。272年，他抵达叙利亚，并首次战胜贞诺比娅的军队，贞诺比娅军队撤退至埃美萨（今霍姆斯）。帕尔米拉女王已经一无所有，走投无路。她自封为"奥古斯塔"，即女皇，封其子瓦巴拉图斯为"元首恺撒·奥古斯都"。在当时动荡不安的年代，政变发动者通常可以夺得王位，奥得纳图斯的继承者身着代表王权的紫色服饰，这样的行为并非特例。政治局势瞬息万变：奥勒良在收复阿帕米亚及周边其他重要城市后，率军前往埃美萨平原，帕尔米拉将军扎布达斯率7万大军已在此严阵以待。战斗极其残酷——贞诺比娅的士兵遭遇猛烈进攻，有的在慌乱撤退中相互踩踏而死，有的被敌军屠杀。

塞普提米乌斯·塞维鲁统治时期（193—211年）建筑。纪念拱门呈三角形，为掩饰大石柱廊间轴向断裂部分而建造。实际上，此地已建有2座拱门，一座朝向西北，通往四柱殿的长廊；另一座朝向东南，面向贝尔神庙（Rafal Cichawa 供图）

纪念拱门及大石柱廊（2世纪）

被称为"旗手之殿"的礼拜堂，亦为举行战争仪式的壮年兵营

平原上到处都是士兵和马匹的尸体，仅有为数不多的幸存者得以逃回城市。战败的女王和将军返回帕尔米拉。奥勒良前往埃美萨，慷慨地为太阳神及城市保护神埃尔·葛贝尔献上祭品。此后，他率兵前往沙漠，将帕尔米拉及周边区域围困。这个时候，帕尔米拉仅余一道土墙抵御外敌，但对于罗马大军而言不过是形同虚设罢了。向波斯的萨珊王朝请求支援是女王唯一的出路。于是，贞诺比娅骑上骆驼悄悄离开帕尔米拉，就在即将跨过幼发拉底河之际，她被前来追击的罗马骑兵逮捕。

由于塞普提姆斯·哈杜登拥有元老及贝尔神大祭司的双重身份，主和派推举他与奥勒良谈判，避免城市被洗劫，并取得和解。随后，奥勒良处决了贞诺比娅的几个幕僚，其中包括哲学家卡修斯·隆基努斯，而女王本人则拒绝承担任何战争罪责。

关于这位美艳女王的最终结局，民间流传着各种猜想：有人说，274年，贞诺比娅跟随奥勒良的军队返回了罗马，随后被处决；但也有人说，她像普通的罗马妇女一样，在蒂沃利的哈德良庄园附近安度余生。众所周知，这位战俘美艳绝伦，奥勒良是否会被她吸引呢？即便再强大的帝王，或许也会拜倒在美人的石榴裙下。

在大获全胜之前，奥勒良其实还镇压了一场由阿普赞欧斯（Apsaios）组织的暴动，奥勒良当时拥有"首领、守护者"（Prostatès）头衔。贞诺比娅的一个名为安提柯的亲戚也曾自立为皇帝，他歼灭了罗马驻军。奥勒良愤然返回，夺回帕尔米拉，这次，他放纵士兵屠城。自前3世纪至274年，帕尔米拉的希腊–罗马化时代延续了6个世纪。274年，奥勒良战胜高卢，获得了"重建世界者"的称号。尽管帕尔米拉被洗劫一空，但没有从此一蹶不振，反而出现新气象：300年左右，行政长官喜亚努希·洛克勒以戴克里先皇帝之名在此建立军营，并建立方塔形城市防御设施来抵御蛮族和萨珊波斯人的进攻。浴场也在此期间修缮完成。

市中心标志性建筑遗迹，大约建于2世纪。4座石基座各支撑4根石柱，柱头为科林斯式，柱头上方的顶盖重达150吨。从前，每座石基座上都有一尊雕像，其中的一尊便是贞诺比娅的雕像（Pavlov Valeriy 供图）

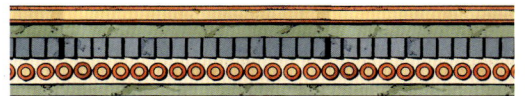

纳巴泰陵墓类型

楼阁墓

黑格拉早期墓

黑格拉墓

矮柱墓

古典风格墓

纳巴泰柱头类型

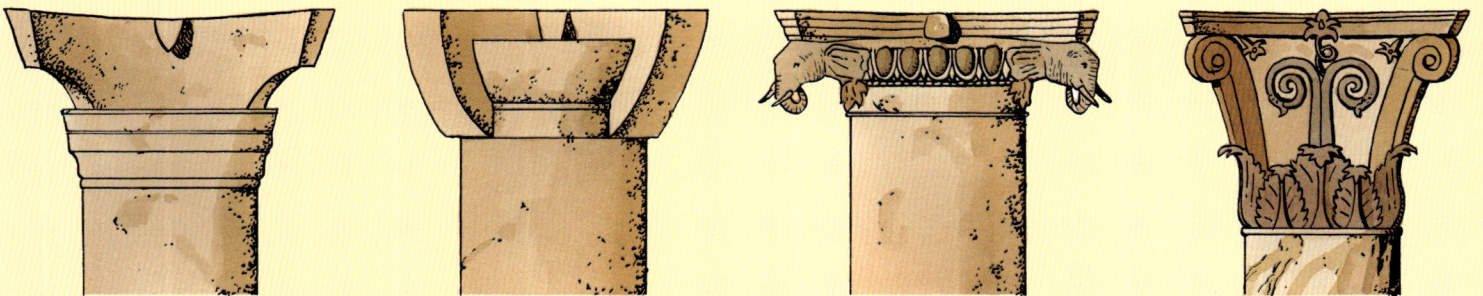

典型纳巴泰柱头

仿爱奥尼亚式柱头

巴洛克式柱头

亚历山大式柱头

庙门细节（佩特拉）

纳巴泰式外墙装饰

巴克斯神庙门楣（巴勒贝克）

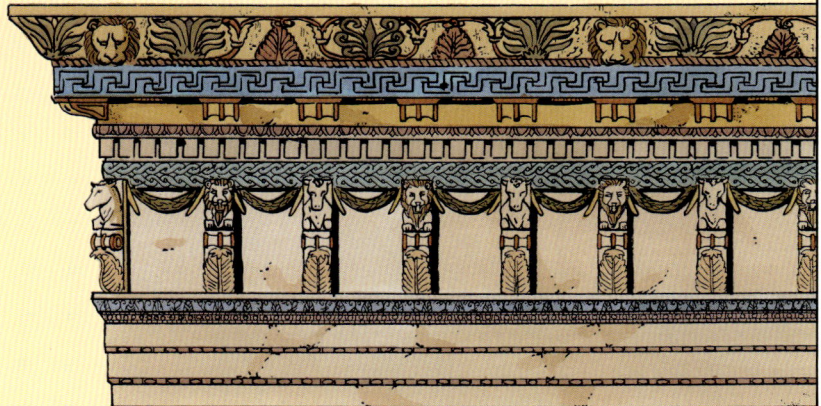

朱庇特神庙门楣（巴勒贝克）

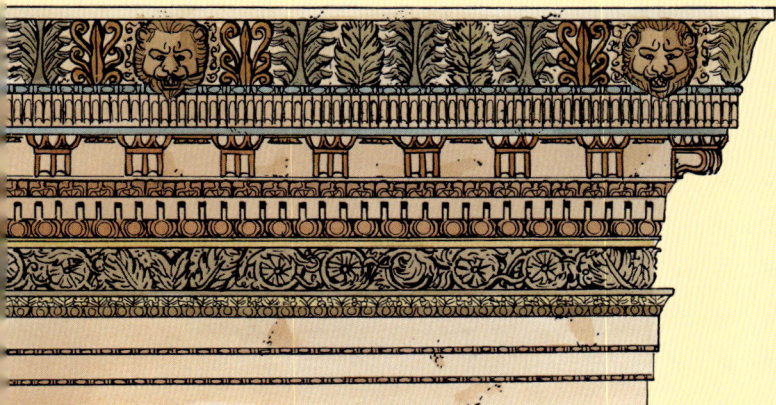

祭台庙内庭柱廊门楣（巴勒贝克）

贝尔神庙柱廊檐（巴勒贝克）

纪念拱门细部（帕尔米拉）

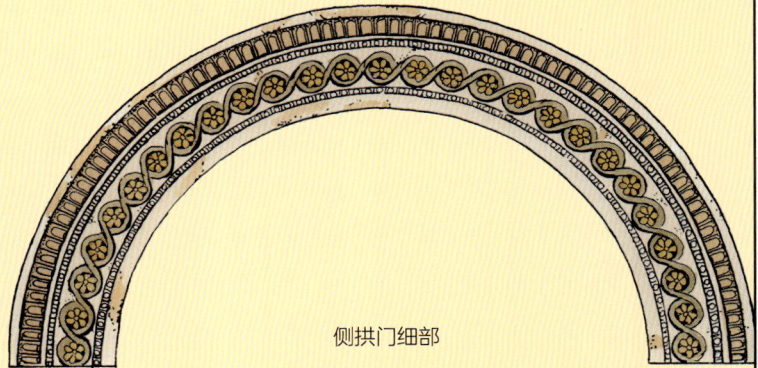

侧拱门细部

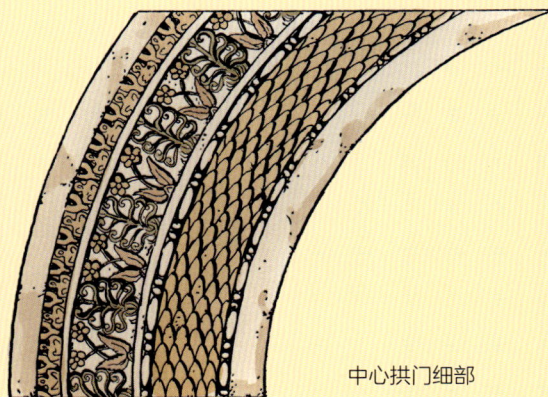

中心拱门细部

服饰与人物

纳巴泰服饰在很大程度上受到帕提亚、希伯来和阿拉伯服饰的影响，但主要表现为希腊–罗马化风格。帕尔米拉服饰也是如此，但也存在"帕提亚风格"。在帕尔米拉，女性大多蒙面纱，佩戴耀眼的珠宝首饰彰显财富。大量墓碑浮雕上可以发现有关图像资料。至于巴勒贝克，可以发现居民穿着与邻近的叙利亚人大同小异，在罗马时代，这些设计全部遵循大都市设计师的思路。

1：杜厦拉，纳巴泰人的狄俄尼索斯或宙斯神。王室保护神。

2：伊希斯，埃及女神，经商贸路线辗转传至佩特拉。

3：阿耳忒弥斯，佩特拉人崇拜的希腊女神，无疑源自希腊化时期。

4：奎拖斯，以东神，归属叙利亚神哈达德系统，风暴和自然元素神。

5：托举黄道十二宫之财富的胜利标志（始自公元后）。

6：巴尔沙门，另出现在1世纪阿拉特神庙的韦瑞伯（Wereb）浮雕上。

7：3世纪时尚风格装扮的女王贞诺比娅。

8：帕尔米拉祭司。与泰玛莎有关（2世纪），头戴司铎式的树叶环绕的"无檐帽"冠，用镶有祭司半身像的圆形徽章固定。

9：长袍外罩宽衫的妇女。

10：佩特拉男性。他的毛呢外套宽3米多，长2米。

11：穿着长衫的孩子。

12：穿着典型古阿拉伯中部服饰者，服装由两大块布料制成。

13：前4—前3世纪的游商。他的柔软的无檐帽形如三角形。

14：纳巴泰女孩，她的鞋由皮革制成。

15：穿着长方格图案"裹"裙的儿童，头戴一种风帽。

16：阿拉伯妇女。纳巴泰人从最早的阿拉伯人那里继承了许多着装习惯。

17：农民。头上的围巾保护他免受炽烈阳光和沙尘的伤害。

18：穿长袍的男性。戴折叠成三角形的布巾。

19：贝都因妇女。穿着的长衫由两大块布料组成，在肩部缝合。

20：平民。简洁的外套是其社会地位的标志。他的服装代表原始阿拉伯人的古典风格。

21：纳巴泰妇女穿着系于胸前的短衣。

22：贵族妇女。装饰华丽、做工考究的服装表明她是特权阶层的一员。

23：佩特拉人，也许是牧师。

24：纳巴泰妇女。"奥贝，萨沙姆之女，巴索斯之妻。"

25：帕尔米拉的年轻女子。她的着装表现出她所在的城市具有文化融合的特点，是东西方文化融合的产物。

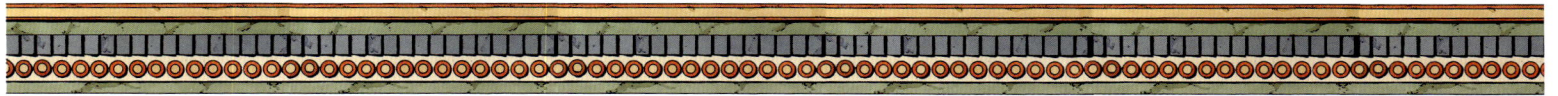

26：佩特拉居民。他穿着纳巴泰人中非常罕见的男式短衬裤。

27：穿披巾缠腰长衫的妇女，披肩上有长流苏。

28：穿着披风的平民，受希腊-罗马风格的影响。

29：佩特拉青年女性，穿希腊化服饰。

30：纳巴泰居民。他的服装是希腊长袍和帕提亚外套式围巾的结合。

31：纳巴泰雕塑工匠。

32：死海泥收集者，穿右衽长衫，受希腊影响。

33：佩特拉乐师，据佐拜窑址出土赤陶土像。

这样的乐团在教团演奏。左边的女子弹竖琴，右边女子演奏的乐器尚不明确，中间的男子吹奏双管笛。

34：纳巴泰贵族。他的外套由羊毛或驼毛制成。

35：年轻的帕尔米拉贵族。他的服装上有刺绣，他的鞋子可能用皮革制成，装饰有植物图案。他的裤子是帕提亚式样。

36：战士。可能是阿拉伯人或纳巴泰人，式样简单的服装在该地区众多部落大同小异。

37：这位贵族战士戴阿巴斯头巾，在漫长的行军路中起防晒作用。

38：标枪投掷义务兵，往往从农民中招募。

39：戴头巾及无檐无耳头盔的士兵。

40：步兵。他的服装非常接近早期希腊化时代士兵的装束。

41：投石兵。他的斗篷便于携带投石。

42：骆驼骑兵中的弓箭手。

43：弓箭手。他的弓很有特色，箭头是由大象的肌腱或骨头制成。

44：身着帕提亚装束的纳巴泰战士，穿软皮鞋和裤子。

45：纳巴泰士兵。其佩戴的头盔和穿着的盔甲受希腊化风格影响，其余部分借鉴帕提亚人的穿着。

46：穿着希腊化盔甲的轻骑兵。

47：帕尔米拉骑兵（铁甲骑兵）。他穿着一件针织上衣。腿部、躯干和手臂配铁护具，青铜面具保护面部（3世纪）。

48：帕尔米拉骑兵，这种骑兵可能是轻骑兵的一部分。装备有长矛、剑和一把弓，还有一个箭袋置于马鞍上。

49：帕尔米拉轻骑兵中的新兵。与图48拥有相同的装备。

50：帕尔米拉骆驼骑兵。这些骑兵更像是职业的沙漠行军军队，而不是职业军人。他装备小圆盾、长剑和标枪，穿着青铜或铁制成的鳞片状盔甲，肩部用皮革加固。旁边是他的妻子。

佩特拉城区

佩特拉城区位于瓦蒂姆萨（约旦）附近。

实用信息

开放时间：夏季为每日6:00—18:30。
冬季为每日7:00—16:00。

佩特拉的博物馆

考古博物馆、纳巴泰博物馆，可持票入馆。馆内陈列众多佩特拉及周边地区出土文物。

实用信息

开放时间：纳巴泰博物馆 9:00—16:00（夏季17:00闭馆）；
考古博物馆 9:00—15:30（夏季17:00闭馆）。
联系电话：约旦旅游中心 +962（0）65678444 8:00—16:00（每日，星期五闭馆）。

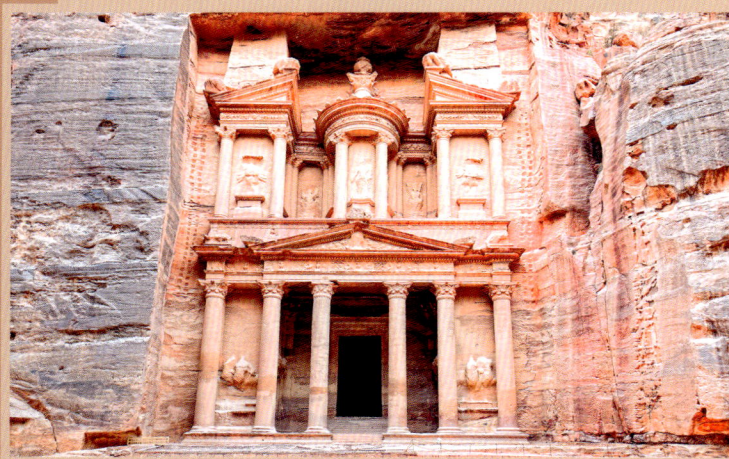

佩特拉游客中心：+962（0）3 215 60 29 周六至周四6:30—17:00。
更多信息：www.visitpetra.jo。

皇家艺术与历史博物馆（五十周年博物馆）

皇家艺术与历史博物馆藏有珍贵的伊朗及近东艺术珍品和近7000件来自不同文化的藏品（叙利亚、美索不达米亚和圣经世界）。

实用信息

地址：Parc du Cinquantenaire 10。
1000 Bruxelles（Belgique）。
电话：+32（0）2 741 72 11。
火车：舒曼中央车站。
地铁：一号线或五号线（舒曼中央车站或梅洛德站）。
公交：22路、27路、80路高卢站或61路梅洛德站。
电车：81路梅洛德站。
自驾：汽车和大巴可停在阿尔伯特－伊丽莎白中心入口的停车场。

开放时间：周二至周五9:30—17:00（16:00停止售票）；周六至周日10:00—17:00。
闭馆日期：每周一、1月1日、5月1日、11月1日和11日、12月25日。
注意：12月24日及31日五十周年博物馆于16:00闭馆。
更多信息：www.kmkg-mrah.be。

卢浮宫博物馆

卢浮宫内藏有众多古东方的珍贵文物，根据其文化背景与地理位置分别位于3个不同的展厅：美索不达米亚厅、伊朗厅和黎凡特地中海厅。

实用信息

地址：Musée du Louvre 75058, Paris（France）。
电话：+33（0）140 205 317。
地铁：一号线或七号线（皇家广场站或卢浮宫站）。
公交：21路、24路、27路、39路、48路、68路、69路、72路、81路、95路。
自驾：勒莫尼耶将军大道地下停车场，于每日7:00—23:00开放。
开放时间：每日9:00—18:00（周二闭馆）。
周三、周五夜场至21:45。
闭馆日期：1月1日、5月1日和12月25日。
更多信息：info@louvre.fr。
www.louvre.fr。

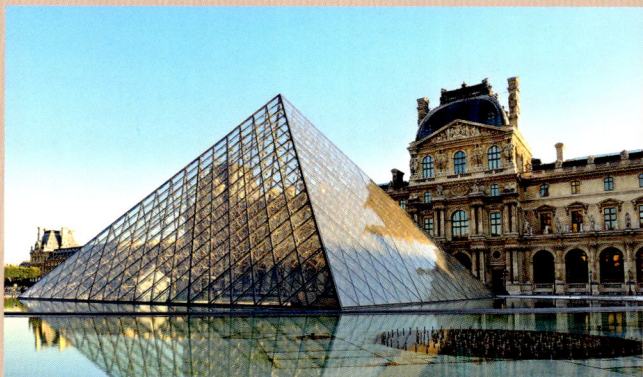

图书在版编目（CIP）数据

佩特拉 / （法）雅克·马丁著 ； 杨吉娜，尹明明，陈可欣译. — 北京 ： 北京出版社，2024.5
（时光传奇）
ISBN 978-7-200-17296-6

Ⅰ. ①佩… Ⅱ. ①雅… ②杨… ③尹… ④陈… Ⅲ. ①约旦—古代史—青少年读物 Ⅳ. ①K379.2-49

中国版本图书馆CIP数据核字（2022）第115832号
北京市版权局著作权合同登记号：01-2022-2353

责任编辑：王冠中　米　琳

责任印制：刘文豪

时光传奇
佩特拉
PEITELA
〔法〕雅克·马丁　著
杨吉娜　尹明明　陈可欣　译

出　　　版　北京出版集团
　　　　　　　北京出版社
地　　　址　北京北三环中路6号
邮　　　编　100120
网　　　址　www.bph.com.cn
总 发 行　北京出版集团
发　　　行　京版若晴科创文化发展（北京）有限公司
经　　　销　新华书店
印　　　刷　北京雅昌艺术印刷有限公司
版　　　次　2024年5月第1版
印　　　次　2024年5月第1次印刷
成品尺寸　235毫米×305毫米
印　　　张　7
字　　　数　90千字
书　　　号　ISBN 978-7-200-17296-6
审 图 号　GS（2022）3147号
定　　　价　78.00元
印　　　数　1—10 000
如有印装质量问题，由本社负责调换
质量监督电话　010-58572393
责任编辑电话　010-58572473